正定隆兴寺壁画

河北省正定县文物保管所　编著

文物出版社

图书在版编目（CIP）数据

正定隆兴寺壁画 / 河北省正定县文物保管所编. — 北京：文物出版社，
2013.4（2019.4重印）

ISBN 978-7-5010-3700-1

Ⅰ.①正…　Ⅱ.①河…　Ⅲ.①寺庙壁画—正定县—画册

Ⅳ.①K879.412

中国版本图书馆CIP数据核字（2013）第061242号

正定隆兴寺壁画

编　　著：河北省正定县文物保管所

撰　　稿：韦国英　郭玲娣　崔伟丽　王素辉

装帧设计：段书安　于炳文

摄　　影：刘小放　宋　朝　王　伟

责任编辑：于炳文　段书安

责任印制：陈　杰

出版发行：文物出版社

地　　址：北京东直门内北小街 2 号楼

邮　　编：100007

网　　址：http://www.wenwu.com

邮　　箱：web@wenwu.com

经　　销：新华书店

印　　刷：文物出版社印刷厂有限公司

开　　本：787mm× 1092mm　1/8

印　　张：35.5

版　　次：2013 年 4 月第 1 版

印　　次：2019 年 4 月第 3 次印刷

书　　号：ISBN 978-7-5010-3700-1

定　　价：680.00 元

目　录

图 版 目 录

隆 兴 寺 概 况

  隆兴寺坐落于河北正定县城内东隅，是我国现存时代较早、规模较大而又保存较为完整的一座著名佛教寺院。1961年由国务院公布为首批全国重点文物保护单位。寺院现有面积 82500 平方米。主要建筑分布于南北中轴线及其两侧。最南端为一座高大的琉璃影壁，向北依次为三路单孔石桥、天王殿、大觉六师殿（遗址）、摩尼殿、戒坛、大悲阁、御书楼、集庆阁、转轮藏阁、慈氏阁、康熙、乾隆御碑亭、弥陀殿、毗卢殿（1959 年从正定城内崇因寺迁建）、龙泉井亭，除此之外，东侧尚有方丈院和关帝庙院各一处（图一）。

  隆兴寺集宋、明、清建筑艺术与丰富的佛教文化艺术于一体。其中天王殿、摩尼殿、转轮藏阁、慈氏阁这四座宋代殿阁，结构上各具风格，抱厦的设置、移柱、减柱、插柱、永定柱等多种古建筑营造方法的运用，充分体现了宋代建筑营造特点，在我国建筑史上占有极其重要的地位；天王殿内的大肚弥勒佛，摩尼殿内的倒坐观音，大悲阁内的千手千眼观音菩萨，毗卢殿内的毗卢佛等，或憨态可掬，或温文尔雅，或高大肃穆，或精美绝伦，体现了我国古代劳动人民高超的雕刻铸造技艺。寺内古碑林立，隋代的《龙藏寺碑》、宋代的《敕赐阁记碑》、元代赵孟頫的《圣主本命长生祝延碑》，以及清代康熙、乾隆、嘉庆皇帝的御题之碑等，不仅载录着寺院的历史，而且在我国书法艺术发展史上亦占有重要地位。

  见于记载的隆兴寺住持僧中，唐代的头陀，宋代的惠演、守千，金代的广惠，元代的胆巴、弘教，明代的梦堂，清代的海昇、意定和尚等都为隆兴寺的保护和发展作出了贡献，他们有的彪炳史册，在中国佛教史上产生了重要影响。

  据现存的隋《鄂国公为国劝造龙藏寺碑》记载，隆兴寺始建于隋开皇六年（公元 586 年），时称"龙藏寺"，唐代改额龙兴寺。北宋开宝二年（公元 969 年），宋太祖赵匡胤巡境按边驻跸镇州（今正定），到城西大悲寺礼佛时得知寺内所供的四丈九尺高的铜铸大悲菩萨毁于前朝，遂敕令于龙兴寺重铸七丈二尺高的大悲菩萨金身，开宝四年（公元 971年）七月兴工，开宝八年（公元 975 年）十一月落成，而后修建大悲宝阁，并以此为主体采用中轴线布局进行扩建，形成了南北纵深、规模宏大的宋代建筑群，被誉为"河朔名寺"。此后，隆兴寺备受皇室重视。元代，皇室曾多次赐金重修，并赐田亩、经卷、长明灯钱等支持寺院的经济和佛事活动。元大德五年（公元 1301 年），寺内下设金佛院、大悲院、释迦院、慈氏院、仁王院、法华院、弥勒院、东律院、文殊院、药师院等，有僧徒 135 人，至正元年（公元 1341 年），寺僧增至 158 人。明代，除多次敕修寺内建筑和佛像外，还增设了弥陀殿、药师殿、净业堂、祖师殿、伽蓝殿和龙泉井亭，寺院更加严整。清代，康熙、乾隆二位皇帝多次驾临隆兴寺，并两度敕令大规模重修，寺院发展迅猛，达到了鼎盛时期。康熙四十七年（公元 1708 年）在寺之西侧增建了行宫，寺院规模进一步扩大，形成了东为僧徒起居之处，中为佛事活动场所，西为行宫的三路并举的建筑格局，被誉为"海内宝刹第一名区"。康熙四十九年（公元 1710 年）康熙皇帝赐额并亲书"敕建隆兴寺"，沿用至今。

  康乾盛世以后，随着封建政权的没落和经济的凋敝，隆兴寺日渐颓败。殿阁倾圮，僧徒日少，门庭冷落。西侧帝王行宫于咸丰八年（公元 1858 年）被天主教堂占用。

  民国时期，社会动荡，隆兴寺窘况更甚。因无力维修，致使规模宏大的宋代建筑大觉六师殿坍塌。解放前夕，受战争、经济等社会因素的影响，寺院几近无人管理，完全一派颓废景象。

  新中国成立后，隆兴寺受到人民政府的高度重视，1953 年成立了正定县文物保管所，专门负责隆兴寺等文物的保护管理工作。从此，隆兴寺的保护维修工作蓬勃开展，古寺重新焕发生机。主要保护工程如下：

  1954 年至 1955 年，经国务院批准，由文化部古代建筑修整所设计施工，对转轮藏阁进行落架复原性重修。投资

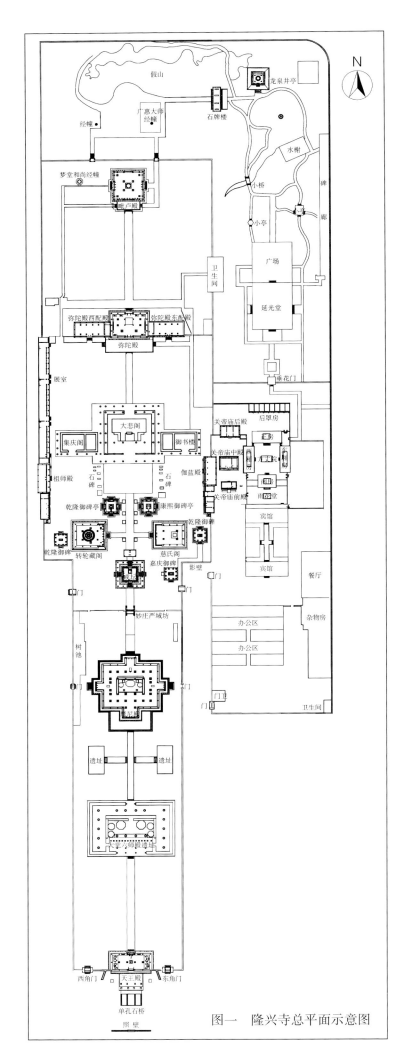

图一 隆兴寺总平面示意图

10.5 万元。

1957 年至 1958 年，经国务院批准，由文化部古代建筑修整所设计施工，对慈氏阁进行落架复原性重修。投资 16 万元。

1959 年，经河北省文化局批准，将正定城内崇因寺毗卢殿迁建于隆兴寺弥陀殿后。投资 9 万元。

1977 年至 1980 年，经国家文物事业管理局批准，对摩尼殿进行落架大修、对戒坛进行了梁架拨正。共投资 54.6 万元。

1982 年，实施了天王殿维修工程，投资 10 万元。

1990 年，落架重修了龙泉井亭。投资 9 万元。

1994 年至 1995 年，修复了慈氏阁弥勒菩萨像。投资 7.3 万元。

1997 年 8 月至 1999 年 9 月，经国家文物局批准，实施了大悲阁修缮工程。投资 2500 万元。

2001 年，实施了《龙藏寺碑》保护工程。投资 12 万元。

2003 年，安装了防盗监控系统。投资 30 万元。

2005 年，安装了烟感报警系统。投资 30 万元。

2007 年，实施隆兴寺供电系统改造，实现了双路供电。投资 40 万元。

2012 年底至 2013 年初，经国家文物局批准，实施了隆兴寺安防升级改造工程。投资 200 万元。

隆兴寺摩尼殿概况

摩尼殿位于隆兴寺中轴线前半部，俗名五花大殿，建于宋代，为隆兴寺现存古建筑中最为重要的一座。由于年久失修，20 世纪 70 年代，整体梁架向东南倾斜严重，部分构件糟朽断折，墙体酥裂。1977 年至 1980 年，在古建筑维修专家祁英涛先生的主持下，遵循基本保持原状、局部修复、修旧如旧的原则，对其进行了落架重修。这次重修，不但使大殿恢复了昔日雄姿，而且还通过重修过程中发现的宋代、明代、清代题记，证实了摩尼殿始建于北宋皇祐四年，即公元 1052 年，彻底解决了学术界关于摩尼殿始建年代的纷争。

大殿面阔七间（33.29 米），进深七间（27.12 米），重檐歇山顶，绿琉璃瓦剪边。因殿四面正中各出一山花向前的歇山式抱厦，故平面呈十字形，布局十分奇特（图二～六）。对此我国著名古建筑学家梁思成先生大加赞誉："这种的布局，我们平时除去北平故宫紫禁城角楼外，只在宋画里见过。……而在中国建筑物里也是别开生面。"由此可见摩尼殿在中国古代建筑史上的重要地位。

摩尼殿平面采用"金箱斗底槽副阶周匝"式柱网布局，柱有明显卷杀、侧角和升起，柱间以阑额、普柏枋连接，阑额与普柏枋断面呈"T"字形。大殿的梁架结构属宋《营造法式》中的殿堂结构，为抬梁式。斗栱硕大且配置繁复，大多为五铺作偷心造。补间和柱头部分铺作还使用了45度斜栱（图七～一〇），这是已知宋代建筑中使用斜栱的最早实物例证，也是摩尼殿斗栱结构上的显著特点。

1977年至1980年对摩尼殿进行落架重修时，在拆除构件时发现了修建和重修时带有文字记录的木构件8件，檐墙砖、望砖186件，筒瓦51件，铁钉1件，共计246件。其中书写年代的有74件。题记情况分述如下：

1. 宋代墨书题记

最早发现的一件是在上檐后明间柱头斗栱的昂底皮，墨书题记两行："皇祐四年二月二十三日立

小都料张德故记"

第二件写在上檐内槽西山面补间斗栱大斗底皮，墨书题记两行："小都料张□从（勿）二十八立

皇祐四年二月二十日三立柱□"

第三件写在上檐内槽后明间东补间斗栱中的斜散斗底皮，墨书题记为"真定府都料王□"。此处虽未写年月，但从木质、制作细部手法以及所题都料、真定府等文字分析，都应定为宋代构件。

最后一处是在内槽西次间阑额上皮发现的，墨书题记共二十一个字，每字平均12厘米见方，总长约280厘米，内

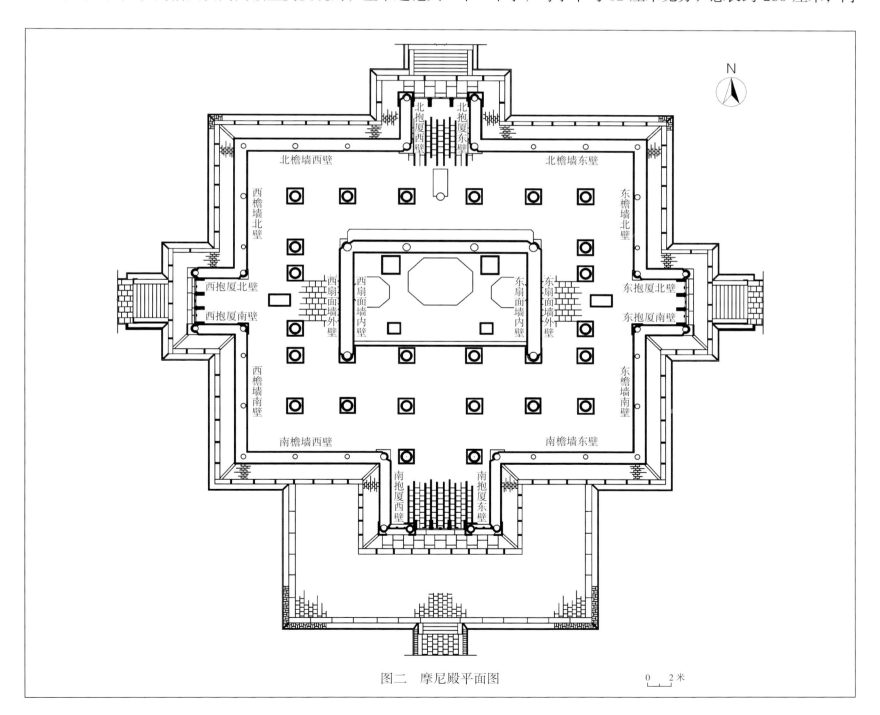

图二　摩尼殿平面图　　　0　　2米

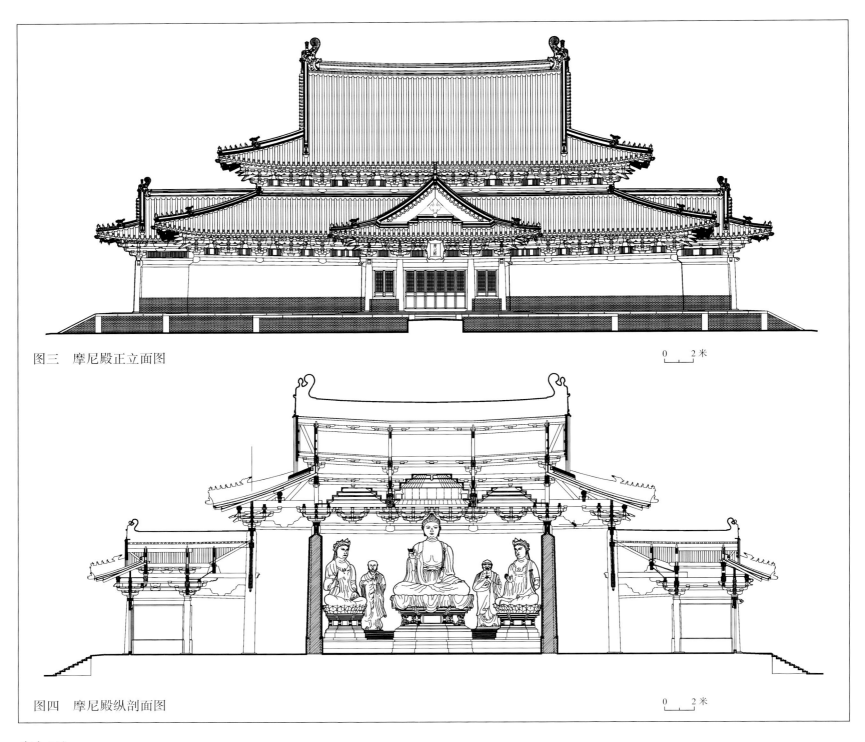

图三　摩尼殿正立面图

0　2米

图四　摩尼殿纵剖面图

0　2米

容如下：

　　"大宋皇祐四年二月廿六日立柱记常寺僧守义故题"

　　2. 明代维修时的题记

　　施工中发现的明代题记最多。除木构件上的墨书题记外，还在板瓦、檐墙砖、望砖及角梁钉上发现刻划的题记。

　　木构件上发现墨书题记二处，内容如下：

　　北抱厦脊枋底皮墨书题记："大明成化二十二年二月□□　　日"

　　南抱厦罗汉枋墨书题记"成化二十二年七月□□□日"

　　板瓦底面上刻划题记，有年号的仅一块，瓦长 46 厘米，大头宽 30 厘米，小头宽 23.2 厘米，刻划内容如下：

　　"真定卫中千户所百户□

　　余丁王庆造

　　成化二十二年五月十八日造"

　　望砖上刻划题记，有年号的 6 块，长 43 厘米，宽 27 厘米，厚 4.5~5 厘米，字迹较多的两块内容如下：

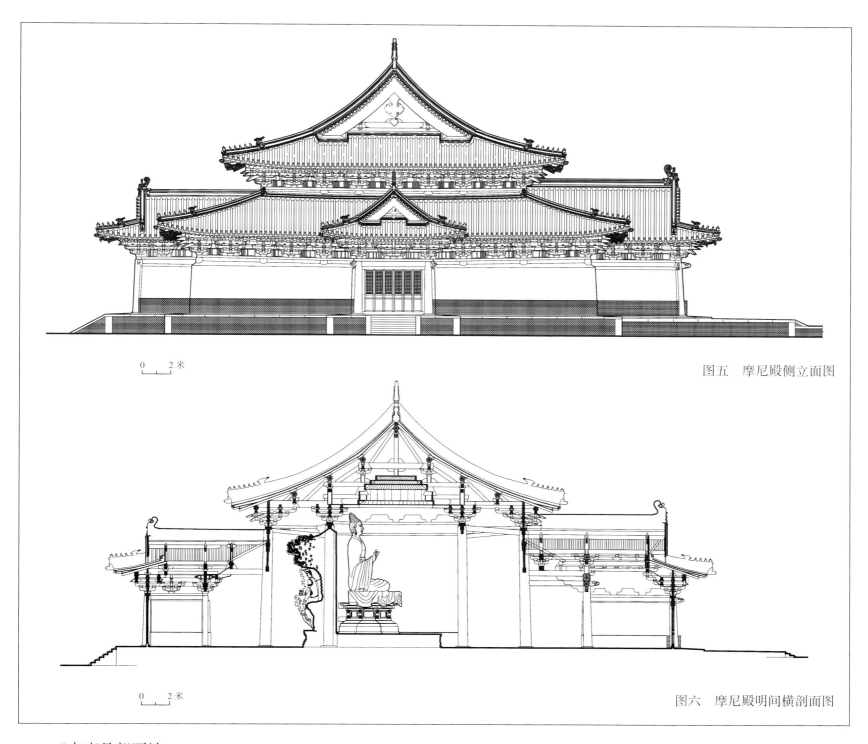

图五　摩尼殿侧立面图

图六　摩尼殿明间横剖面图

"束鹿县郭西社

善人王奉

肆月初三日磨砖

成化二十二年四月初三日"

"大明成化二十二年四月初十日

藁城县井堂"

檐墙砖刻划有年号题记的一块，砖长35厘米，宽16厘米，厚7厘米，内容如下：

"闰盘砖二个

成化二十二年五月十四日"

东抱厦仔角梁钉，三面刻划题记，钉长35.7厘米，断面3.5厘米见方，各面题记如下：

"真定卫右所王下"

"余丁贵成丁二个"

图七　摩尼殿南面全景

图八　摩尼殿翼角出檐

图九　摩尼殿外檐补间铺作

图一〇　摩尼殿外檐转角铺作

"成化二十二年二月十三日"

3.清代维修时的题记

这次施工中发现清代题记中时间最早的是写在两块板瓦上,一为康熙十年(公元 1671 年),一为康熙十三年(公元 1674 年)。还有一件是康熙四十二年至四十八年隆兴寺全面整修时的题记,写在摩尼殿上檐东次间撩檐槫上,内容为"康熙四十七年四月九日重修李吉题"。但乾隆四十四年到四十五年全面整修的题记尚未发现。

发现清代修缮题记最多的是道光二十四年(1844 年),除早已知道的脊枋下"大清道光二十四年三月十四日卯时上梁重修"的墨书题记外,在琉璃筒瓦底面书写"道光甲辰重修"的就多达五十余块,另在两块望砖上分别刻划着"重修摩尼殿　道光二十四年三月吉"和"大清道光二十四年三月重修"。

4.其他没有年号的题记

在全部 246 个有墨书题记或刻划题记的构件中,没有年号的以望砖最多。从砖的尺寸和质量判断,多属于明代更换的构件。刻划的内容为造砖人、施舍砖人或磨砖人的姓名,择要介绍如下:

"马氏造"　"饶阳县孙杰砖"

"衡水县砖一个　刘广"

"山西阳曲县张□"　　"山西太原府阳县□□"

"何氏"　"朱全"　"郭忟"

"赵妙磨砖二个"

图一一　摩尼殿内阿难像　　　　　　　　图一二　摩尼殿内主尊释迦牟尼像　　　　　　　图一三　摩尼殿内迦叶像

　　另有一种尺寸较大的望砖，长40厘米，宽32厘米，厚4.5厘米，砖面上模印"大悲菩萨"四个字。可能为大悲阁中的构件，后代修缮时挪用于摩尼殿上。

　　摩尼殿内槽九间均为佛坛，三面砌墙。坛上供释迦牟尼、迦叶、阿难、文殊、普贤塑像（图一一～一五）。坛后壁北面通塑五彩悬山，闲逸自若的观音菩萨安然坐于山中窟龛内，高3.4米。头戴花冠，红色缯带垂肩后飘起。身稍前倾，上身裸露，肌肤白润，项饰璎珞，帔帛自肩绕臂沿身旁山石下垂。下着镶金色花边的朱纱裙，裙褶重叠繁复。左腿下垂，踏在一株盛开的莲花上，右足自然斜置于左股上，右手轻松自然抚于左腕。仪容丰满端庄，神态恬静隽逸，宛若人间一位美丽娴雅、雍容华贵的女子。因其位于内槽背壁，面北而坐，故俗称"倒坐观音"。鲁迅先生就非常欣赏这一艺术珍品，称其为"东方美神"（图一六）。在他位于北京阜成门内鲁迅故居的书案上，就陈放着这尊观音的照片。除此之外的殿内墙面俱绘壁画。由于摩尼殿独特的抱厦式平面布局和佛坛扇面墙的设置，为壁画的绘制提供了广阔的空间。

隆兴寺摩尼殿壁画综述

　　佛教壁画是我国壁画艺术的一个重要类型，主要绘于佛教寺院的墙壁之上，内容均以佛教故事为题材，是佛教经变形式的一种。这种绘画形式是随着佛教的传入和流传而逐渐发展起来的。东汉明帝时（一般认为佛教在此时期传入我国）绘制宫殿寺观壁画之风尤盛，明帝刘庄"雅好图画，别立画官"，派使赴西域求来佛法后，在白马寺绘制了《千乘万骑群象绕塔图》，这可能是中国佛教寺院壁画肇始；隋唐时期，佛教壁画得到进一步发展，题材变得更加丰富，不但

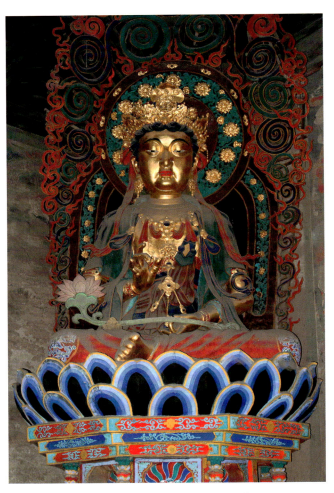

图一四　摩尼殿内文殊菩萨像

图一五　摩尼殿内普贤菩萨像

场景宏大，而且色彩艳丽，敦煌莫高窟中的西方净土变、东方药师变、维摩诘经变等便是这一时期的典型代表；宋、辽、金时期，文人水墨画盛行，壁画绘制逐渐变成了民间画师的行业，此时的壁画在继承唐代壁画的传统基础上，开始出现以现实社会的世俗景象来描绘佛教传说做法，对壁画内容和形式做了很大的扩展，使壁画这一形式更具生活气息。此时期壁画山西保存较多，如高平开化寺壁画、应县佛宫寺壁画、朔州崇福寺壁画、繁峙岩山寺壁画等；明清时期，壁画绘制显得更为规范化和世俗化，同时具有不同教派互相融合的特点，内容更加写实，生活气息浓厚，如河北怀安昭化寺壁画、河北石家庄毗卢寺壁画、河北正定隆兴寺壁画等均为明代壁画的佳品。

隆兴寺壁画位于摩尼殿内，分绘于大殿檐墙内壁、四抱厦内壁、内槽扇面墙内外壁及内槽北壁。原有壁画 528 平方米，由于墙体坍塌和墙皮酥碱、空鼓、脱落等原因，现存约 387 平方米，均为整壁绘制，气势磅礴、场面恢弘，虽无确切绘制年代记载，但据其绘画风格及有关题记分析，大部分壁画应绘制于明代。其整体布局采用了元明时期常用的"分幅兼通景"式，内容按清乾隆十三年《隆兴寺志》记载"四门墙（即四抱厦）彩画二十四尊天；四面墙（即檐墙）彩画释氏源流；东面墙（即内槽东扇面墙外壁）彩画西方胜景；西面墙（即内槽西扇面墙外壁）彩画四十八愿"，从现状看，除西面墙所绘主题"东方三圣"（应是表现东方净琉璃世界）与《隆兴寺志》记载不符外，其余皆如所记。另内槽扇面墙东、西内壁分绘十二圆觉菩萨、八大菩萨像，为清代补绘，应晚于《隆兴寺志》成书时间，故《寺志》未载。各部所绘壁画情况如下：

一　檐墙壁画

北墙东段、南墙西段壁画已无存，现存壁画总长度 65.65 米，所绘内容为佛传故事，亦称"释氏源流"，采用连环画的形式，将释迦牟尼的一生以小故事情节予以表现，每篇故事旁均有榜题。根据现存榜题及《释氏源流》记载分析，壁画故事情节起始于北墙东段，惜该段现已无存。

东墙北段的榜题自北而南依次为"太子晬农"、"诸王挣力"、"九层铁鼓"、"隔城撩胜"、"宫廷纳妃"、"五欲娱乐"、"梵王得梦"、"路遇老人"、"道见病卧"、"路逢死尸"、"得遇沙门"。

太子晬农：描绘释迦牟尼在家时由王室贵族陪同骑马到城外农村观犁耕，见农夫牵牛耕田，虫随土而出，又被鸟啄食，太子遂起慈悲之心，哀叹世间有此痛苦，顿觉凄惨悲凉。

诸王挣力、九层铁鼓：其故事描绘净饭王为了考验释迦族童子的武艺，安排了一场箭射铁鼓的比赛，在竞赛中提婆达多仅射穿三鼓，而太子则一箭射穿了九层铁鼓（《释氏源流》记载为七层铁鼓），箭落地处形成一井，时人称箭井。

宫廷纳妃：《因果经》中讲，净饭王为太子选中婆罗门人摩呵那摩的女儿耶输陀罗做太子妃，此女颜容端庄，聪明智慧，贤德过人，礼仪备俱，威仪进止，无与伦比。婚后，净饭王为太子设宫女三千，专门侍奉太子，并于宫中演奏诸乐，逍遥嬉戏，彻夜不停，以此来断太子出家之念。画面中绘重檐庑殿式建筑，坐落于高高的基址上，檐柱粗大，翼角翘起，殿前出月台。月台的前、左、右三面均设踏跺，周匝环绕寻杖栏杆。屋顶及栏杆全部沥粉贴金，使建筑更显富丽堂皇。宽敞的殿堂内，正中端坐太子及夫人耶输陀罗。二人服饰华丽，仪态高贵。贴身两侧恭立仆人，座前置一案桌，桌上放置果盘，桌旁二年轻女子手托果盘侍立，室外廊内分别有二男子执扇站立。前方月台上，二女伎着长裙、舒广袖翩翩起舞，左右两侧近栏处分立一女伎，怀抱琵琶弹奏。下面为乐队，或击鼓、或抚琴、或执笛、或吹笙，尽情弹奏，沉浸在美妙的乐曲中。在左边的踏跺下，有两位女侍，手托果盘欲上台阶。在建筑后又闪出一女子，亦手执果盘，低头前行。热闹的场面衬托出了宫廷生活的奢华与无虑。

图一六　摩尼殿内槽背壁北面中部泥塑观音像

梵王得梦：重檐建筑内，一人坐于桌前，右手托腮，双目紧闭，头微低垂，房屋上端一缕轻云飘出，以表示净饭王已进入梦乡。《本行经》云，尔时，作瓶天子以神通力，令太子发出家心，即于其夜与净饭王七种梦相。后经解梦人说，第一太子出家相、第二正果相、第三得四无畏相、第四成佛像、第五转法轮相、第六三十七品法宝相、第七外道六师苦恼相化人为王。

五欲娱乐：净饭王得知此预示太子要出家，并得正果而成佛，遂增太子五欲之具，令太子产生爱恋之心，以此断其出家之念。

路遇老人：在高大的灰砖城门之上，建有一座单檐歇山顶式建筑木构堞楼，绿瓦中心，黄琉璃剪边。太子身骑白色高头大马，出东门游玩，路遇驼背老人，老态龙钟，衣衫不整，身体瘦弱，四肢颤抖，跪地乞讨，甚是凄悲。太子明白了，人凡是有生，即会有死，一旦人老，身体各部位衰竭，无所知觉，朝不保夕，亦即是生命将终之时。遂命众人还宫，心想如何避免衰老之相。

道见病卧：太子骑马从南门出，官兵着盔甲列队出城护送，威武庄严；侍女随从执幡伞护驾，前呼后拥。作瓶天子又化作一病人，面容憔悴，喘气微弱，太子得知此即病人，威德已尽，求活不能，死时将至，于是勒马还宫，静坐思维。

在"道见病卧"的左边，建有一排草房，敞开无门窗，屋外挂有幌子，院内有几人弯腰劳作，忙于生计，室内仅有几件生活用具。在低矮的案桌后，有两人席地而坐，似因疲劳困顿，借酒浇愁。另一室内，一人伏案，醉酒而睡，室外两人躬身相送。此画面显示百姓生活，所占比例不大，色调暗淡，与高大宽敞的宫殿建筑和彼此的生活环境、水平形成了强烈的反差。

路逢死尸：画面描绘了太子骑马出西门，观看园林。这时作瓶天子化作一尸，太子见了心情凄楚，当太子得知人间不分贵贱皆不免一死时，心情不悦，回驾还宫，端坐思维。

得遇沙门：《大庄严经》云，太子欲往园林游玩，净饭王得知太子前出三门遇老、病、死而愁闷不乐，告知今从北门出。

这时净居天化作比丘，身着袈裟，手执锡杖，缓步而行。行貌端庄，威仪整肃。太子便上前作礼问，出家有何好处，出家人回答："在家生老病死，一切无常。出家后可修习圣道，调伏诸根，起大慈悲，心行平等，护念众生，不染世间，永得解脱。"太子听后欢喜，决定修学此道，于是登驾还宫。

东墙南段自北向南，从"夜半出城"、"母□金冠"、"劝请回宫"、"□水□□"、"送回金冠"、"金刀落发"、"为人□回"、"禀（车）匿还宫"、"远饷资粮"到"六年苦行"，描绘了太子出家所经历的艰难历程和决心。

夜半出城：太子游四门回家后深思，如果不告诉父亲出家之事，有违教法，不顺俗理。于是到父王宫，长跪合掌，请求父亲，如答应其四个愿望可以不出家。第一长生不老、第二永为少壮、第三一生无病、第四永远不死。净饭王告诉他，此愿很难做到，诸仙世人，均难免老死。净饭王又急招亲族，商讨如何是好。最后大家决定，昼夜看守太子，不离左右，使其难出家门。净饭王又以建造春、夏、秋三时百花盛开的宫殿和增设歌舞伎乐讨太子欢心，来去掉他的出家之念，这次丝毫没能打动他，终于在深夜离家出走了。《庄严经》云，太子告诉车匿，半夜备好鞍马，我今夜出家，不要违抗我意。净居诸天令军士、彩女昏睡，无觉察。初走时，大地六种震动，升空而去，四大天王捧托马足，梵王帝释前面引路至苦行林。画面即绘出了夜深人静、唤醒车匿骑马出城的情景。

劝请回宫：由于太子的出走，宫内已无往日的喧闹，内外变得寂静凄凉。净饭王派人出宫寻找，并以亲情和让位王权来打动太子，太子执意不归，最后留下桥陈如等五人守护。

送回金冠、金刀落发：描绘太子为表示出家的决心，把金冠送回宫内，并以金刀落发，使自己完全成了僧人形象。同时发愿，愿断一切烦恼，自此苦行林中一心求道。

禀（车）匿还宫：车匿是太子的驭者，一说仆从。《庄严经》讲到，车匿陪太子从王国走到山林，太子告诉车匿，金冠与宝衣已无用途，命车匿奉还父王。并告诉其父王、妻子、彩女、童子，这样做是为了普度众生，成等正觉。众人听说太子的情况后，放声大哭。

远饷资粮：太子来到怪石林立的深山，先后拜访诸仙人，以求大道，均无得法。于是便在一个藤蔓垂悬的洞口，结跏趺坐苦修。日食一麻一麦，日渐消瘦，净饭王知情后又气又恼。姨母及耶输陀罗分派五百车粮、物，由车匿送交太子，太子拒收。画面中部绘出骆驼背上、马车上满载粮食及物资向深山中进发，两侧有骑马、牵骆驼者押运，场面浩大。

六年苦行：斗转星移，六年过去了，太子身体极度消瘦，然而终无所得。每个画面有一至三人不等，以窟龛为主的画题内容通过上、下、左、右移动变换，反映了六年苦行的过程。

南墙东段自东向西，画面以宫廷建筑、深山窟龛为主，遍布释迦牟尼成正觉后处处佛光普照、弟子如云、广传佛法的热闹场面。由"禅河沐浴"、"天人献花"、"请菩提场"、"成等正觉"、"魔众移瓶"、"诸天赞贺"、"华严大法"、"龙王赞叹"、"四王献钵"、"龙宫入定"、"林间宴坐"、"弃除祭器"、"他人求度"、"般师悔毒"、"慧□分□"、"急流分断"、"降伏火龙"等场景组成。

禅河沐浴：苦行术失败的太子，忽有一日觉悟到，一味苦行，也非取得大彻大悟之路，于是重新进食，接受了牧女所献乳糜，禅河沐浴洗去了疲劳和污垢，然后来到一棵菩提树下，结跏趺坐静思默想。进入禅定后，遍观十方无量世界和过去世、现在世、未来世的一切事情，洞察三界因果，于十二月八日，豁然大悟，成为圆满正等正觉的佛陀。在此壁的前部上端以浅色明亮的色彩显示佛光普照的审视效果。高高的坛座上，结跏趺正襟危坐说法的如来袒胸，身披红色袈裟，腰系带，下着裙，体后举身背光，祥云缭绕。

天人献花：佛经上说，如来成佛前，大地震动，天鼓齐鸣，诸天神人奉献天妙衣服，烧天妙香，散天妙花，供养如来。龙王得知，携龙妃、龙女等各执七宝莲花等珍宝奉上供养。作诸天乐，歌咏赞叹，双手合十，顶礼膜拜。

请菩提场：《大庄严经》记载，当时菩萨怀着正念，来到菩提树下，早有风神雨神把菩提树周围洒扫、整理得既干净又庄严；这时菩萨身放无量光明，震动无边刹土。无量诸天共奏微妙天乐，天女们各散无数香花，遍覆地面，于一时间，出现无量希有吉祥瑞相。画面中菩萨披红色袈裟端坐，两旁四比丘侍立，由于壁画斑驳脱落，故人物动作不清晰。

成等正觉：菩萨坐于菩提树下，以坚强不屈的意志，降伏了魔怨，终于成就了正真觉。菩萨自知已弃恶本，无淫怒痴，烦恼已断，生死已除，一切功德圆满究竟，无所欠缺，所作已办，于明星出时，廓然大悟，得无上正真之道，为最正觉。图中太子静坐菩提树下，人们献珊瑚、象牙等珍稀之物供养。

魔众移瓶：如来在菩提树下端坐，恶魔波旬领八十亿众，欲令佛离去，否则将佛掷于海外。佛言：汝能动此净瓶，或有可能把我掷于海外。图中如来结跏趺坐，面前放置一净瓶，波旬及八十亿众以绳索拽瓶，然瓶不动。

诸天赞贺：《普曜经》记载，当时，欲界天王见如来坐于树下，以智慧神通降伏魔怨，成等正觉，所愿具足，竖大幢幡，由衷赞叹，以种种庄严宝物供养世尊，并皆发心归命世尊。图中如来身着红色袈裟结跏趺坐于须弥座上，诸天王及弟子围绕站立。

华严大法：佛在摩竭提国阿兰若法菩提场中，始成正觉。其时十方世界有微尘数菩萨，皆是已证十住、十行、十回向、十地、等觉果位的法身大士，以及宿世大乘根熟的众生、天龙八部，皆云集而来，亲近世尊，一心瞻仰。图中如来着红袈裟端坐，文殊、普贤及诸菩萨、天龙八部等围绕听讲华严经。

龙宫赞叹：龙王得知太子得无上正觉，携龙妃、龙女执珍宝供养，作诸天乐，歌咏赞叹。

龙宫入定：如来端坐龙宫，第七日，风雨交加，天气寒冷，诸龙王用其身七重围绕，拥蔽佛身，复以七头于世尊上做大盖。画面群龙游动，檐柱缠绕行龙的单檐龙宫内，释迦牟尼结跏趺于佛座上，袒胸，身穿通肩大衣，体后有火焰形身光和头光，双眼微闭入定。两侧诸比丘菩萨、龙王均双手于胸前合十，表情虔诚，闻佛说法，气势庄严宁静。

四王献钵：四天王持金钵奉献如来，不受；改献银钵、玻璃钵、琉璃钵、玛瑙钵，皆不受。后取四石钵盛满香花，用香涂钵，佛即受持。

林间宴坐：如来着红袈裟，结跏趺坐。跪拜者为往日牧羊人，世尊六年苦行时曾用乳汁供养，并用树枝作阴凉，以此善根因缘，命终得生三十三天，为大福德威力天子。

弃除祭器：迦叶有一外甥，名优波斯那，在阿修罗山中领二百五十弟子修仙道。闻其舅迦叶及诸弟子投佛出家，优波斯那领弟子等至佛所，称愿同弟子一道入佛法中。佛令其掷扔鹿皮衣及祭火器，诸位遂将此物尽毁，并至佛前请求出家。世尊即为彼等说法，心得解脱，皆阿罗汉。

他人求度：那罗陀尊父命，精通《韦陀论》及诸咒术。其兄闻之欲害弟，弟往阿私陀仙人处。仙人命终后，有二龙王至那罗陀处问偈义，不能解。那罗陀便至如来处问此义，听后乞求出家，后成为如来十大弟子之一。

般（船）师悔责：画面多不清晰。世尊过恒河，因无钱而被船师拒渡。佛以神通力腾空至河对岸，船师大悔，闷绝倒地。醒后至摩伽陀主奏明前事。王敕船师，凡出家人求渡者勿取分文。

降伏火龙：一日，如来至迦叶处，当晚宿石室而入三昧。时有毒龙喷吐烟火，佛入火光三昧亦出火。迦叶令弟子以水浇，火不能灭。世尊以神通力降伏毒龙，置于钵中。迦叶师徒见此，赞叹不已。画面中如来结跏趺于蒲团之上，两眼微闭，进入禅定，周围熊熊大火，唯独不燃其身。

急流分断：世尊至尼连河，见水流湍急，以神通力令急流断水，佛行其中，迦叶令弟子乘船救佛，佛从水中贯船底而入，并无贯穿痕迹。迦叶三兄弟带弟子稽首作沙门。

西墙南段残损严重，画面主要绘"降伏毒龙"、"宫主礼佛"，下半部壁画漫漶不清，疑为"法华妙典"、"佛旨（指）移石"。

降伏毒龙：位于画面的中上部。《观佛三昧经》云：佛游化至那乾诃罗国。该国某山中有一洞穴，五罗刹住在其中，常常变化成龙女与毒龙串通，毒龙降雹，罗刹乱行妖术，以至国中人民遭受饥馑疾疫之灾。国王惊怖，召诸咒师作法对付，无奈毒龙、罗刹妖气极盛，所有咒术皆失灵验。国王请佛降伏，佛命舍利弗、目犍连领徒众五百人，化百千龙，蟠身为座，龙口吐火，化成金台七宝床座。这时世尊顶放金光，光中现无数化佛，充满虚空。毒龙、五罗刹女各现丑恶狰狞之形，站立佛前。龙子见虚空中有无数诸佛，心惊胆战，忙劝父王罢手。这时，金刚神举起金刚杵，杵头出火，烧恶龙身。龙王惊怖，赶快避入佛影中，顿时只觉遍体清凉，宛如甘露洒身。龙王心生欢喜，即向佛作礼悔过，五罗刹也随着礼拜如来。这时如来犹慈母抚子，使龙王、罗刹并十六龙子深受感动，于是五体投地，求受佛戒，佛即为说三皈、五戒之法。

宫主礼佛：在高大的宫殿月台上，一女子烧香作礼，面右跪拜，遥请佛至。只见空中佛与二菩萨足踏祥云，飘然而来。

法华妙典：画面绘如来住耆崛山，为比丘、比丘尼、菩萨、大梵天王、四大天王、天龙八部等百千眷属说法华经。在佛说此经时，多宝佛塔从地涌出，十方诸佛集会证明。

佛旨（指）移石：《涅槃经》上说：当时拘尸那城中，有力士三十万人，听说世尊不久要入涅槃，将经过此路至婆罗林。

于是集合众人清理道路。有一大石挡在路中，三十万力士各尽身力无法移动。这时世尊化作沙门，来到众力士前，故意问说："你们这些小孩在这里做什么？"众力士听了，心中有气，对沙门说："你凭什么说我们是小孩子？"沙门说："你们三十万人，各尽身力，不能移此挡路之石，怎么不能称为小孩子呢？"力士说："你既然这么瞧不起我们，想必你是一位有大力的人了，定能移此石出于道路，我们倒要见识见识。"这时沙门以足二指挑起大石，以手举石抛于空中。众力士皆生惊怖，各要逃窜。沙门说："你们何必这么怕呢。"随即以手接石放回地上。众力士好奇地问："这么大的一块石头，究竟是属于常呢，或是无常？"沙门以口吹之，大石当下碎为微尘。众力士见了，说道："原来这么坚固的一块大石也属无常。"即生惭愧，心中自责。佛知他们心念，即舍化身，还复佛的本形，为众力士说法。众力士听了，皆发菩提心。画面上部世尊双手合十，以神通力将巨石升起。下方绘三力士以绳索奋力拉动巨石情景。

西墙北段下半部全失，存留的画面自南向北为"目连救母"、"文殊问疾"、"佛现金刚"、"依救龙王"、"双林入灭"。

目连救母：《盂兰盆经》记载，目犍连得六通后，以道眼见其亡母生饿鬼中，欲救其母。目连以钵盛饭，母得钵后饭未入口即化成木炭，终不得食，目连悲痛，向如来请教救度之法。佛言其母罪根深结，当需十方僧众威神之力。其救度之法是于每年七月十五日为七世及现世父母作盂兰盆会，施佛及僧，可令其出离三途饿鬼之苦，生福东无极之境。画中表现得即是如来为目犍连说救度之法的场景。在四面环山的丛林中，如来身披红色袈裟，袒胸结跏趺于佛座之上，施说法印，其弟子双手合十站立两侧，前面一人跪地诉说，此即目连尊者。

文殊问疾：文殊亦称妙德、妙吉祥。此菩萨与普贤常一起出现，侍释迦如来之左而司智慧。顶结五髻，以表大日之五智，手持剑，以表智慧之利剑，驾狮子以表智慧之威猛。文殊身着红色天衣，后为众胁侍菩萨。在其上方，四天王着盔甲、执法器，威风凛凛，保护佛法。远处房内隐约可见一人病卧在床，面容憔悴，文殊菩萨奉佛旨意前来探问病情，家人闻讯，出门相迎。

佛现金刚：佛在涅槃前，诸天人皆来供养，唯不见螺髻梵王，诸仙令取，只见种种不净，此时如来便以神力，自左心化出不坏金刚，腾身至梵王处，令秽物变为大地金刚。图中如来披袈裟，身躯微向前倾，右手中指、食指相并指向右侧。顶上撑华盖。两侧弟子双手合十，或站立、或跪拜。诸天神乘祥云分至其间。

依（衣）救龙王：此故事描述的是四龙王顶礼佛足，称有四种金翅鸟，常食诸龙及其妻子，愿佛护佑。如来便脱下身上袈裟分与诸龙，有得一缕者，金翅鸟亦不能触犯。但袈裟少不能周遍，佛知龙意，告龙王，即使三千大千世界的所有龙王都分如来袈裟，终不能尽。果然如此。龙王及妻子大悦，到佛前要求归命佛法，奉受禁戒。从此，一切诸龙拥护正法。画面上如来结跏趺坐佛坛之上，左手心向上置于膝上，右手自然下垂抚膝，诸天位于两侧，佛身微侧稍下俯视，前面有数十人，双手合十跪拜。

双林入灭：佛在拘尸那城娑罗双树林，有四众、天龙八部前后围绕，二月十五日，头北、面西右胁而涅槃。娑罗树林东西各二株合为一树，垂覆宝床，盖于如来，其树即时变白如鹤，树叶瓜果皆皮干爆裂渐枯。时大地震动，大海混浊，江、河、川、泉水涸，大地虚空，日月无光，黑风怒吼，尘沙滚滚，草木摧折，诸天遍空，哀号悲泣，震动世界。但从画面上看，如来居中就座，天王、菩萨、胁侍两侧诸多比丘、居士或立、或坐、或昂首、或俯视似在聆听说法。

北壁西段左侧部分绘前后两座富丽堂皇的建筑，后面的重檐庑殿式殿堂内端坐一人，头戴金冠，面目不清，身后二侍童执扇站立，前面两列大臣似在议事，因无榜题可读，未知所绘内容；右侧绘"佛从棺起"。此壁中部自左至右主要绘"金棺自举"、"凡火不燃"和"圣火自焚"。

金棺自举：《涅槃经》云，世尊入灭后，金棺升空绕拘尸城四门出入，辗转七匝。金棺入城时大众悲号，各持香木、栴檀、宝香普熏世界。四天王及诸天众各持无数幡、幢、盖、香花、璎珞供养。凡火不燃：如来宝棺置于香楼上。拘尸城内各类力士、海神各持七宝火炬和海中火，欲焚香楼，但火皆自然殄灭。画面上数人于佛棺周匝举薪火欲点，皆不燃。

圣火自焚：如来以大悲力从心胸中把火涌出棺外，渐渐焚烧妙香楼，七日方尽。四天王、伽罗龙王、江神、河神等持宝瓶盛满香水，欲浇注灭火，以此收舍利供养，燃火不灭。画面的最后部分绘"育王起塔"和"菩提树下"。

育王起塔：阿育王往诣鸡头摩寺上座耶舍，称欲于阎浮提内造八万四千宝塔，得耶舍赞叹。回宫后便造宝箧、宝瓮、宝盖各八万四千，每塔中藏金、银、琉璃器和一舍利，并遣夜叉遍寻阎浮提，每有一亿人处便造一宝塔供奉。

菩提树下：苦行失败的释迦牟尼在经历了禅河沐浴和接受牧女的供养后，来到森林中的一棵菩提树下，庄严发下誓愿：“我要坐在这棵树下，如不能解脱生死，进入涅槃，就再也不离开这里。”并进入了深奥的冥思。七日后，终于悟得三明与四谛，证得无上正等正觉，而成为佛陀。画面中释迦牟尼双手合十，身披红色外衣，结跏趺坐于菩提树下，再现了释迦牟尼即将悟道的场景。然而，该场景位于整幅檐墙壁画的结束部分，这显然不符合通篇故事的发展顺序。佛教有生死轮回之说，《楞严经》曰：“生死死生，生生死死，如旋火轮”。作者这样安排，似有此寓意。

二 抱厦壁画

北抱厦东壁及南抱厦东、西两壁，壁画均已无存。

东抱厦南壁，画框宽 3.6 米，高 2.4 米。共绘 8 身。主尊自左向右依次为金刚尊天、鬼子母天、大悲尊天。

金刚尊天：佛教中手持金刚杵专事守护的天神，亦称密迹金刚、金刚力士。《金光明经》所载，金刚力士是大鬼神王，即夜叉神的总头目。夜叉本为印度神话中一种半人半神的小精灵，以“捷疾”著称。《大日经疏》卷一说：“西方谓夜叉为秘密，以其身口意速疾隐秘，难可了知，故旧翻或云密迹”。《大宝积经·密迹金刚力士会》记：密迹金刚本是法意太子，曾发誓说，皈依佛教后“当作金刚力士，常亲近佛”，以便“普闻一切诸佛秘要密迹之事”，后来便成为了佛陀的守护者。

鬼子母天：梵文音译为摩诃帝母，意译为暴恶，一般译为鬼子母，欢喜母。据经书记，往昔王舍城中有五百人赴独觉佛大会，一位怀妊的牧女应邀，因舞蹈中堕胎，便在独觉佛前发一恶愿，我欲来世生于王舍城中尽食人子。后生于王舍城，婚嫁后生五百子，并日日食城中男女小儿。一日，佛匿其一子，使她无限悲哀，遂受五戒，皈依佛法而生慈爱之心，发誓保护儿童，并作了护法神。

大悲尊天：《金光明经·鬼神品》中无此天，然其多首多臂形象与摩利支天相近，应为摩利支天的演变。《金光明经·神品》云摩利支为梵文音译，意为“阳焰”，即光焰。藏传佛教说其是隐身和消灾的保护神，能救芸芸众生于危难水火之中。《摩利支天经》曰：“有天名摩利支。有大神通自在之法。常行日前，日不见彼，彼能见日。无人能见，无人能知，无人能害，无人欺诳，无人能缚，无人能债其财物，无人能罚。不畏怨家，能得其便。”

本壁所绘金刚尊天，上身赤裸绕一绿色帛带，头部饰圆形蓝色头光，怒目圆睁，腹部前倾，肌肉突起，肤色黑红，左手持金刚杵斜靠肩上，项饰璎珞，飘带飞舞，形神异常威猛。其身后绘一幼童手持幡杆，幼童只露上半身；鬼子母天，年轻贵妇形象，头饰圆形绿色头光，戴花冠，身着宽袖衣裙，左手持一束莲花，身体略转向右侧，头略前倾，呈俯视状，神态极为慈祥。其右前方云中绘一赤发恶鬼，仅露半身，血口大张，獠牙外露，手持幡杆。其前下方一白色喙口小鬼肩扛一红衣孩童正对鬼子母，孩童右手扶小鬼头顶，左手伸向鬼子母，鬼子母右手伸出，手掌做抚摸孩童头顶状，极具感染力；大悲尊天，三头六臂形象，画面可见两头、六臂，头饰圆形橙色头光，跣足站立，腹部前倾，头戴花冠，面部端正慈祥，身着绿色天衣，红色佩帛，正面双手胸前合十，后面两臂上举，掌心横置向上，拇指与食指指尖相连，中间两臂左右伸出，分别执矩和钺。其后右侧，绘一侍女形象，仅露头颈，面其而立。整幅壁画下部空余处以绿色填充，上部以白色云纹填充。

东抱厦北壁，画框宽 3.6 米，高 2.4 米。共绘 6 身。主尊自左向右依次为日宫尊天（榜题磨灭，已无法辨认，据西抱厦与之对应位置绘月宫尊天分析，此处所绘应为日宫尊天）、兜率陀天、大力尊天。

日宫尊天：佛经中又称其为“日天”、“宝光天子”、“宝日天子”等。曾作为印度古代宗教的太阳神，后来被佛教吸收过来作了护法神。在中国佛寺中，常被塑成中年帝王形象。

兜率陀天：《金光明经·鬼神品》记载的天神中无此天名，但从其女神形象和所执谷穗分析，似为该经记载的坚牢地神。坚牢地神又叫地天，梵名比里底毗，意为此神如大地之坚牢。其职掌是保护土地及地上一切植物，免受灾害。《地藏本愿经·地神护法品》记，佛曾对地天说，“汝大神力，诸神莫及，阎浮（即佛教所称世人居住的南赡部洲）土地，悉蒙汝护，乃至草木谷米从地有，皆有汝力。若未来世中依《地藏本愿经》修行者，依汝神力拥护之，勿令一切灾害及不如意事闻于耳。”

大力尊天：《金光明经·鬼神品》记载的天神中亦无此天名。但据其形象分析，似为该经记载的散脂大将。散脂大将是北方毗沙门天王的八大药叉将之一，他统帅二十八部众，巡行世界，赏善罚恶。其来历一说是鬼子母的儿子。《陀罗尼集经》说"鬼子母有三男，长名唯奢文，次名散脂大将，……"一说是鬼子母的丈夫，《毗奈耶杂事》卷三十一说，半支迦（散脂）与鬼子母曾指腹为婚，长大后成亲，还生了五百个儿子。散脂大将一般为金刚神将模样，手持铁鋒（矛）。

本壁所绘日宫尊天为中年帝王形象，头戴通天冠，冠中饰一日轮，有蓝色圆形头光，身着宽袖衣裙，双手捧圭，足踏莲瓣形履。其后有一侍童手持幡杆紧随，侍童仅露上半身，下半身为云气所覆盖；兜率陀天，菩萨形象，面容秀美，头饰圆形蓝色头光，颜色较浅，戴花冠，双手握两束谷穗，身体微向右侧，宽袖长裙飘动，动感十足。其后有一侍女手持幡杆紧随，侍女仅露头部；大力尊天，武士形象，着战袍，身体魁梧，头部颜色黑色，戴箍，虬髯，双目圆睁，后部头发上扬，项不露颈，双手合十，双臂上横置一带柄长钺，甚是威武。其左后侧有一年轻侍者，仅露上半身。三尊天均面向右前方，衣带、幡盖向后飘动，似在行进之中。

西抱厦南壁，画框宽 3.7 米，高 2.36 米。共绘 5 身。主尊自左向右依次为辩才尊天、功德尊天、韦陀尊天。

辩才尊天：又名大辩才天、大辩才功德天，还称美音天、妙音天，是一位主管智慧福德的天神。《不空罥索经》曰：辩才天女，此等皆为女天也，聪明而有辩才，故曰辩才天，能发美音而歌咏，故名美音天、妙音天，为主智慧、福德之天神，若供养此天则可得福与智慧。《最胜王经·大辩才天女品》云：现为阎罗之长姊，常着青色野蚕衣，好丑容仪具有，眼目能令见者怖。佛寺中的造像常将其作女菩萨相，菩萨有八臂，旁六臂分执火轮、剑、弓、箭、斧、索等，中两臂合十。

功德尊天：功德尊天即吉祥天女。在印度神话中，她是毗湿奴的妃子，被尊称为"伟大的神"。在佛教中，据说她成了毗沙门天的妃子或妹妹。《金光明最胜王经》记载，功德天在前生种下许多善根，只要今世之人念此天女的名称并供奉，即可以其功德，使祈愿的人五谷丰收，财宝充足，一切衣食皆可满足。在中国寺庙中，吉祥天女常被塑造成形象端庄美丽的后妃形象。

韦陀尊天：佛教护法天神。本为婆罗门教之神，后被佛教吸收而成为伽蓝之守护神。他生而聪慧，早离尘欲，修清净梵行童真之业并受佛陀付嘱而镇护东西南三洲（东胜神洲，西牛贺洲，南赡部洲）。在中国佛教寺院中，韦驮天一般被安置于天王殿的大肚弥勒背后，背对山门，面朝大雄宝殿。其形象一般为身穿甲胄的武将模样，体格魁伟，威武勇猛，手持金刚杵，或以杵拄地，或双手合十，将杵搁二肘间。

本壁所绘辩才尊天为三首六臂菩萨形象，右顶胯式站立，有绿色圆形头光，头戴花冠，上身佩帛飘舞，胸前及胯部璎珞华丽，下着红裙，正面双臂双手胸前合十，其余四臂左右对称上举，手中分持日、月、弓、箭；功德尊天为贵妇形象，体态丰满，身体微向右侧，头戴花冠，身着宽袖天衣，双手于胸前持一卷轴。其后侧左右各有一侍女手持幡杆，侍女大部为云气遮挡，仅露上半身；韦陀尊天为年轻戎装武士形象，头部饰橙色圆形头光，头戴红缨兜鍪，身着战袍，绿色帛带绕身飞舞，足蹬战靴，双手于胸前合十，臂上横托金刚杵。

西抱厦北壁，画框宽 3.7 米，高 2.36 米。该壁漫漶严重，所绘天神数量无法统计。主尊自左向右依次为□□□□（像与榜题磨灭，已无法辨认）、准提尊天、月宫尊天。

□□□□：漫漶严重，仅可辨出为菩萨形象，有圆形头光，着宽袖天衣，身体呈左侧站立状，手持一直棍状器物。

准提尊天：《金光明经·鬼神品》记载的天神中无此天名。《佛学大辞典》释："准提菩萨，又作准胝氏、尊提。称为天人、丈夫观音。人道之能化也。禅宗以准提为观音部之一尊，深尊崇之。日本东密以准提为六观音之一……准提译曰清净，赞叹心性清净之称"。其功德无量，能消除一切苦厄，增进福德智慧，使众生延年益寿。该像漫漶严重，依稀可辨为菩萨形象，正面站立，有圆形头光，戴宝冠，双手胸前合十。其后右侧有一蓄须男性侍者，立眉喷目，仅露头部。

月宫尊天：又称月天子、月天、大白光神等。居于月宫中，据佛经描述，此月宫是正方形建筑，边长四十九由旬，共有七重垣墙，七宝所成。月天的形象本为男性，汉化寺庙中也有将月宫天子作为女性塑像的。该壁所绘月宫尊天为青年男性形象，面庞丰满，身体略向右侧站立，头戴通天冠，冠正饰一满月图案，有绿色圆形头光，身着绿色宽袖衣裙，双手捧圭。其后右侧有一侍女持幡杆紧随，侍女仅露头部。

北抱厦西壁，画框宽 3.7 米，高 2.2 米。该面壁画漫漶严重，主尊自左向右依次为□□□□、韦陀尊天、罗睺尊天。左侧之天神榜题不存，故不知其确切名号。此像头戴冕旒，面相端严肃穆，须髯长垂，身着帝服，双手于胸前捧圭，俨然一幅王者像，其左侧有一丑陋小鬼手持幡杆相随，据此分析此像可能为二十四天中的帝释天或阎摩罗王。中间为韦陀尊天，依稀可辨其形象为头戴盔、身罩甲、左手持金刚杵。右侧罗睺尊天壁画脱落严重，形象模糊，仅可看出其腹部凸起、腰系带，衣带宽大飘起，似武士形象。罗睺尊天亦称罗睺罗，是释迦牟尼在俗时生的儿子，据说其母生产时，正逢朔日，云彩遮住了月亮，故名罗睺罗。释迦牟尼成佛后，罗睺罗跟从父亲出家，成为释迦牟尼的十大弟子之一。

在佛教中，"天"主要指有情众生因各自所行之业而感得的殊胜果报，并非宇宙意义上的天。佛教以为"天"是有情众生最妙、最善，也是最快乐的趣处，只有修习十善业道者才能投生天部。二十四诸天是在印度神话二十天的基础上发展而来的，据《金光明经·鬼神品》记载的二十诸天分别是：大梵天、帝释天、多闻天王、持国天王、增长天王、广目天王、金刚密迹、大自在天或摩醯首罗、散脂大将、大辩才天、大功德天、韦驮天神、坚牢地神、菩提树神、鬼子母、摩利支天、日宫天子、月宫天子、娑竭龙王、阎摩罗王。到了明代，二十天中又增入了紧那罗、紫微大帝、东岳大帝、雷神四位天神，形成了二十四诸天。隆兴寺壁画中的二十四尊天不完全与上述一致，应是佛教发展进程中的正常演变现象，但现存西抱厦南壁和北抱厦西壁重复出现韦陀尊天的现象，原因颇令人费解。

三　内槽扇面墙壁画

内槽东扇面墙外壁，画框宽 9.14 米，高 7.13 米。此壁绘"西方胜景"。西方净土是佛教徒追求的理想境地，《往生西方极乐要诀》曰："西方日没处为万物之终归，故佛准世情特指定西方，而教众生之涅槃大归处也。"《佛说阿弥陀经》关于西方净土有这样的描述："极乐国土有七宝池，池底纯以金沙布地，四边阶道，金、银、琉璃、玻璃合成。上有楼阁，亦以金、银、琉璃、玻璃、砗磲、赤珠、玛瑙而严饰之。池中莲花，大如车轮，……常有种种奇妙杂色之鸟，白鹤、孔雀、鹦鹉、舍利、迦陵频伽、共命之鸟。昼夜六时，出和雅音。"此壁画面场面宏大，色彩艳丽，人物多达 400 余身。中部西方极乐世界是画的主题，约占整个画面的三分之二，主题是西方三圣像，正中阿弥陀佛与左右观世音、大势至菩萨均结跏趺坐于高大、华丽的须弥座上，阿弥陀佛手持法界定印，观世音、大势至各双手持一枝莲花，三尊像皆有圆形头光和背光。西方三圣像周围满绘侍立菩萨、十八罗汉、坐式小化佛、弟子、乐妓、供养人、仙鹤、孔雀、迦陵频伽、共命鸟、祥云、宝池重栏、七重宝树、宫苑楼阁等，色调以暖色调为主，场景十分热烈。左、右下角均有一小块单体裁内容，左下角画面长 1.4 米，宽 0.9 米，内分四块，对称表现生、老、病、死，画面以青绿色为基调，色彩暗淡，与主题画面绚丽的色彩形成了极大的反差。生：小院内古树参天，树下草屋低矮，一少妇躺在炕上，另有一人怀抱一婴儿坐在炕边，旁边或站或蹲两人，似在问候。门外，一位老妇人手牵一孩童前来串门，孩童顽皮，边走边玩；老：在另一处房内，一位白发老妪抄手坐在炕上，满脸皱纹，目光呆滞，炕前的地下放一水盆，左侧站立一中年妇女，怀抱一婴儿，稍微俯视，与站在对面的小姑娘答话，好像在指点小姑娘如何服侍老人；病：又一间屋内，一位头扎巾、袒上身的中年男子坐在炕上，脸色暗黄，旁边一位妇人，手端白色小碗，半蹲坐着喂男子喝药，屋内灯光微弱。表现死亡的画面由于剥落严重，已很难分辨，仅存两人在漫步前行。此幅画面在表现主要故事情节间还穿插着民间的生活情况，其中有两妇人旁若无人的正在交流说话，而她们的前面有二人正在争斗，一人右手握拳高举，左手按住另一男子的颈部，被按者弯腰欲倒。再前有一头牛，作回顾状，牛身上套着犁，后面一男子扶犁前行。右下角则以沥粉贴金的花卉纹框，将一高 1.15 米，宽 0.88 米的竖长方形分为两块，上块高 0.23 米，宽 0.76 米，内容因漫漶不可辨认。下块仅存上部，左上角祥云缭绕，帛带飞扬，佛端坐于祥云之上。右上角，一团五彩祥云之中，有一坐佛，举身蓝色背光，与左侧佛像神态、坐姿近似。

内槽西扇面墙外壁，画框宽 9.4 米，高 7.13 米。据《隆兴寺志》记载，该面所绘内容为"四十八愿"，但现存场景与之不符，整幅画面所绘应为东方净琉璃世界经变题材。东方净琉璃世界亦为佛教徒所追求之理想境地。对此世界，《药师琉璃光如来本愿功德经》有这样的描述："然彼佛土，一向清净，无有女人，亦无恶趣及苦音声。琉璃为地，金绳界道，城、阙、宫、阁、轩、窗、罗网，皆七宝成。亦如西方极乐世界，功德庄严，等无差别。于其国中，有二菩萨摩诃萨：一名日光遍照，二名月光遍照，是彼无量无数菩萨众之上首，悉能持彼世尊药师琉璃光如来正法宝藏。"该壁画面主题与东壁完全对应，为东方三圣，正中药师佛与左右日光菩萨、月光菩萨均结跏趺坐于高大华丽的须弥座上，药师佛左手托一药钵，右手持一药丸，左右日光菩萨和月光菩萨则分执一日轮和月轮，均有圆形头光和背光。三圣像前两侧分别绘六尊戎装装束的将领，神态各异，应为药师十二神将，除此之外还有侍立菩萨、比丘、四大天王、十八罗汉等，共有各类画像约 120 身。

内槽东扇面墙内壁，画框宽 4.7 米，高 7.13 米。绘十二圆觉菩萨像。圆觉，有"觉性圆满"之含义，即所谓"修行得道，功德圆满"。《大方广圆觉修多罗了义经》称：十二菩萨次第向世尊求教修行的法门，佛一一作了解答。由于十二菩萨请教的是大乘圆觉清净境界修行的法门，因而称之为十二圆觉菩萨。其名称分别为文殊师利菩萨、普贤菩萨、普眼菩萨、金刚藏菩萨、弥勒菩萨、清净慧菩萨、威德自在菩萨、辨音菩萨、净诸业障菩萨、普觉菩萨、圆觉菩萨、贤善首菩萨。此壁菩萨皆为坐式，分上下两行排列，每排绘六菩萨。右上角绘一飞天和二天神，下部绘云纹和一穿云腾雾的行龙。画面中菩萨面庞秀美，有圆形头光，皆戴花冠，宝缯垂肩，胸佩饰物，肩披红、蓝、黄、白、绿色帛巾，下身着裙，双手合十，结跏趺坐于八角形或花瓣式的束腰须弥座上的莲台上。画面采用沥粉贴金，层次清楚，色彩绚丽。上排自左而右为文殊师利菩萨、普贤菩萨、普眼菩萨、金刚藏菩萨、弥勒菩萨、清净慧菩萨，下排自左至右为威德自在菩萨、辨音菩萨、净诸业障菩萨、普觉菩萨、圆觉菩萨、贤善首菩萨。

内槽西扇面墙内壁，画框宽 4.75 米，高 7.13 米。绘八大菩萨像。菩萨，梵语菩提萨埵的简称，译为"觉有情"，《法华经》曰："菩提云道，是无上正遍知果道也。萨埵言众生，为求果道故名道众生也。"菩萨的地位仅次于佛，是协助佛传播佛法，救助众生的角色。关于佛教八大菩萨名称，不同经书记载不同，其中《药师经》记载为：文殊菩萨、弥勒菩萨、观世音菩萨、得大势菩萨、无尽意菩萨、宝檀华菩萨、药王菩萨、药上菩萨，与本壁所绘最为接近。菩萨分三行排列，前排三尊，中间四尊，后排一尊，均结跏趺坐于华丽的八角形须弥座之上的莲台内。菩萨均头戴花冠，衣裙艳丽，手执法器有如意、鲜桃、莲花、葫芦、执扇等。据榜题可知，前排中间为药上菩萨，右为弥勒菩萨，左尊榜题不存。中间一排左右两尊榜题已不清晰，正中两尊左为药王菩萨，右为观世音菩萨。后排一尊，不见榜题。前排与中间一排两侧菩萨均为蓝色头光，余为绿色。菩萨后以五彩朵云缭绕，左、右角两朵祥云上绘二护法天神。画面下方绘一行龙穿梭云间。

内槽北壁，位于殿内释迦牟尼塑像后，保存壁画约 10 平方米，皆以红、绿、白三种颜色绘如意云纹。

四 摩尼殿壁画绘制年代分析

关于摩尼殿壁画绘制年代，文献资料无确切记载，壁画本身也无题记，现存碑刻亦未提及。清乾隆十三年的《隆兴寺志》中仅提到寺内大悲阁、大觉六师殿、摩尼殿三殿内均有壁塑、壁画，并不能说明其始绘年代。对此，研究人员刘友恒、郭玲娣等曾发表文章阐述观点，现引其说，予以论述：

1. 摩尼殿壁画初绘于宋代

从 1977 年重修落架时发现的题记可以确定摩尼殿为北宋皇祐四年（公元 1052）创建，殿内佛坛上的供像及背壁五彩悬山亦应与建筑同时。而宋时殿之内壁是否绘有壁画，须与寺内其他同时期建筑一起进行分析。摩尼殿与后面的大悲阁、前面的大觉六师殿均为隆兴寺中轴线上重要的宋代建筑。清乾隆十三年《隆兴寺志》记，三座殿内均有壁塑、壁画。

大悲阁系宋初奉敕而建，主尊七丈三尺千手观音铸就后，殿堂一定要进行妆严。即如《寺志》所记，壁面或塑佛像，或绘壁画。对于阁内壁塑，20 世纪 30 年代梁思成先生考察后认为，"都是宋代原物"。这样，当初亦作庄严殿堂之用的壁画也应与之同时。大觉六师殿民国初年坍塌，殿内情况见者甚少。摩尼殿的建筑年代虽稍晚于大悲阁，但也在寺院奉敕扩建工程之中，且此殿内供奉佛祖释迦牟尼，所以殿堂的布置亦应与大悲阁一样庄严，另外，从摩尼殿内檐木构件残存的宋代彩绘来看，摩尼殿的梁架斗栱在当时是有彩画的。据此分析，拥有巨大艺术表现空间的殿内墙壁当时也绝不可能被置之不理，故分析摩尼殿在宋代落成后即绘有壁画。刘敦桢先生 1935 年调查正定古建筑时记"午后由纯三方丈导观摩尼殿，殿结构雄伟，确为宋初物，佛像及塑壁亦然，惟壁画则大部非原物矣。"

2. 摩尼殿现存壁画大部分为明代所绘

摩尼殿自北宋皇祐四年肇建后，明成化二十二年、清康熙四十七年、道光二十四年进行过重修。在 1977 年重修时发现的题记中，明成化二十二年题记最多，除木构件上的墨书题记外，砖瓦件及角梁钉上亦有划刻的题记，这说明明成化二十二年摩尼殿曾进行过较大规模的整修。其中一块刻有年号题记的檐墙砖为壁画绘制年代提供了重要文字依据。此砖长 35、宽 16、厚 7 厘米，题记内容为"闰盘砖二个、成化二十二年五月十四日"。这说明 1977 年重修前的摩尼殿墙体垒砌于这一年。而附着在墙体上的壁画亦无揭取的痕迹，说明檐墙现存壁画绘制年代不应早于明成化二十二年，很可能与墙体为同时或稍晚。内槽扇面墙外壁巨幅壁画虽无明确纪年，但其在线条勾勒、人物形象、施彩装饰上与抱厦内壁天神基本相同，故应为同一时期画作。而东西扇面墙内壁所绘十二圆觉菩萨和八大菩萨，乾隆十三年《隆兴寺志》中并无记载。将其整体构图、人物造型、色彩运用等和殿内其他壁画相较有所不同。在构图上此二壁主体人物均基本占据上部四分之三画面，下部为云龙纹，显得有些板滞。从人物造型来看，其他扇面的人物个性突出，而十二圆觉和八大菩萨面部表情基本是整齐划一；服饰色彩方面，其他壁画人物穿着繁缛，且颜色搭配自然协调，而十二圆觉和八大菩萨的服饰，尽管颜色丰富艳丽，但是看来尽显规矩，层次过渡及变化不太自然，面料厚重。菩萨下面行龙颜色上 一乌一褐，口一张一闭，形状上一低首前行，一回首上昂。细节上虽有不同，但均具清龙的特征。龙额部饱满宽阔，面拙重苍老，二角间距向后渐宽，发分束后飘，须细长，短须如刺状物。故分析，东西扇面墙内壁壁画可能为清乾隆四十四年至四十六年隆兴寺大规模重修时所绘。

五　摩尼殿壁画的艺术特色

1. 构思巧妙，布局严谨

摩尼殿是我国现存唯一带抱厦式的宋代建筑，其独特的平面布局为壁画的绘制提供了广阔空间，在殿内多达 528 平方米的檐墙和扇面墙上满绘壁画，篇幅之大，实属可观。加之殿中高大的塑像和五彩悬山，置身其中，仿佛步入海天佛国的美妙境地。在如此广阔的壁面上进行整体布局和人物设置，既要符合佛教法度，又要取得艺术上的韵律效果，这必须要经过周密的设计才能实现。通观摩尼殿壁画全局，不难看出壁画整体布局上颇具匠心。根据摩尼殿特殊的十字形平面布局，画师巧妙地将二十四尊天安排在了四抱厦的八个墙面上，均衡分配，每面墙既相互独立，又紧密相连；东、西扇面墙面积广阔，分别对应大殿的东门和西门，在此位置分别安排西方净土变和东方琉璃变，不但符合佛教中关于东西方世界的位置关系，而且还有效利用了早、晚日光光线，有利于观瞻者更清楚地看清壁画内容，增强壁画的表现效果；在大殿檐墙壁画构思方面，根据其长度较大的特点，安排了篇幅较长的"佛传故事"题材，按照《释氏源流》记载的释迦牟尼一生的故事题材，采用"分幅兼通景"的布局，安排了 50 多个故事情节，每个故事情节为一幅，每幅画一个主题，多幅连贯在一起，形成宏伟巨制，将佛祖释迦牟尼的一生以连环画的形式予以表现，空间利用紧凑而不拥挤，画幅之间不隔断线分格，而是以树木、山峦、云气等过渡，自然而不生硬，整体来看是一幅完整的画卷，细部来看，又是各类不同场景的有机组合，充分表现了画师掌控画面布局的功力。

2. 色彩鲜明，技艺精湛

摩尼殿的壁画属工笔重彩人物画，通过线条和色彩获得艺术效果。在制作上继承了唐宋以来的传统方法，先用淡墨起稿，勾出轮廓，再施色彩，即所谓的"墨线成型，色彩成韵"。墨线中锋运笔，多用高古游丝描，兼用铁线描，笔法工整，线条流畅，人物开脸用线圆润生动，衣纹用笔遒劲，衣裙飘逸洒脱，有"吴带当风"之感。用色上，以红、绿、赭、白为主，颜料采用传统矿物质，色彩艳丽，冷暖适度。人物衣裙、飘带、头光、背光、建筑墙体与木结构部分多用红色和青绿色，云纹多用白色、绿色，同时为了追求画面上富丽堂皇的艺术效果，画师们还采用了沥粉贴金和晕染的技法，更增强了画面的立体感。

3. 主次分明，人物生动

摩尼殿壁画共绘人物近千身，主要人物和情节均设置竖栏墨线榜题，在每幅画面人物的安排布置上，画匠师采取了不同的处理手法，显得主次分明，层次清楚。对于人物中有主侍关系的，位置关系明确，一般主尊位于正中，占据较大面积的画块，侍从分列两旁或位于下方；对于并列关系的，则通过形态和表情，实现人物之间的呼应关系，使场景看起来生机盎然。在人物形神刻画方面，画匠师在描绘佛教各类神祇时，其造型装束，既要符合佛教义轨，又要以世人为依据，所以，需要对不同类型人物进行准确、细腻刻画。画匠师根据佛、菩萨、天王神将、罗汉弟子等的身份地位和年龄的不同，将各类人物的性格及心理活动，通过形态和面目表情较为准确地刻画了出来。如东抱厦南壁的鬼子母天。画面中表现的是鬼子母改恶从善后的形象，为了表达鬼子母的慈善与爱心，画匠师一反其他尊天身躯直立，平视或仰视的设计，而通过身体上部的微微前倾和眼睛的俯视和手的自然抚摸，传神达意，将世间母子真情完美的表达了出来，不仅被赋予了人的形象，而且还赋予了人的气质和思想感情。与之相反，金刚尊天、大力尊天则体魄健壮，站姿如弓，不显颈项，面色青紫，怒目圆眼，大胆而夸张的描绘，令人望而生畏。而日宫尊天、月宫尊天、兜率陀天、功德尊天，分别为帝后装束，其高贵稳健、雍容清逸之态与咄咄逼人的金刚、大力尊天形成了鲜明的对比。

六　关于隆兴寺摩尼殿壁画作者的推测

明代佛教寺院壁画多有画匠题记，如河北石家庄毗卢寺、张家口怀安昭化寺、山西繁峙公主寺壁画等。但隆兴寺摩尼殿现存壁画却未发现画匠题记，是后期题记磨灭还是原本就未留题记已不得而知，为这一宏伟巨制留下了一个历史谜团，我们只能根据当时绘画艺术的发展状况及同时代有关的历史题记等做一推测。首先从寺院壁画的发展状况来看，由于受文人水墨画的影响，宋代以来，壁画的绘制主要成为了民间画匠师所从事的职业活动，他们不同于宫廷的绘画师的技艺精高，却也以此为业，依托某种固定的"粉本"，师徒相承，专门服务于各地寺院宫观，从现存北方地区明代壁画中多留有人名题记来看，民间画匠师绘制壁画十分盛行。隆兴寺摩尼殿壁画与宫廷画师所绘的北京法海寺壁画相比，在绘画技法和风格以及精细程度上有明显区别，而同时期北方地区民间画匠创作的佛教壁画，山西繁峙公主寺壁画与之更为接近，二者在构图、画线、着色、晕染等方面十分相似，民间技法更浓；其次，记录着同时期画匠师的题记也为隆兴寺摩尼殿壁画的作者提供了有力线索。石家庄毗卢寺（真定府旧辖获鹿县，毗卢寺旧属获鹿县）保存的明嘉靖十四年的《重修毗卢寺记》碑阴刻有各类工匠姓名，其中画匠姓名有"王淮、张保、何安、宋太"，弘治十八年（公元 1505 年）《诵次重修大毗卢寺功绩圆满庆赞碑记》亦有"画匠获鹿县城社邵营村刘子文、巩仲颜"的记载。山西繁峙县公主寺大佛殿东壁壁画的题记记载曰"真定府塑匠任林、李钦、孟祥、张平、李珠、赵士学、敬升、陈义，画匠武剑、高昂、高进、张鸾、马秉相、赵喜"。隆兴寺摩尼殿佛坛后壁五彩悬塑下方一块明嘉靖四十二年记事石刻落款亦有"获鹿县石匠武用威、画工人张美德"的记载，凡此等等。明代时期真定府一带确实活跃着一批民间塑、画匠人，他们在当地以及周边地区创作了大量宗教题材的壁塑、壁画等作品，那么作为这些匠人家乡地的正定隆兴寺摩尼殿壁画由他们绘制亦当在情理之中。

七　摩尼殿修缮中壁画的保护

1977 年至 1980 年，对摩尼殿进行落架大修时，因重砌墙体需要，在祁英涛先生主持下，对檐墙墙体内壁的壁画进行了揭取、修复和原位归安。主要步骤是壁画加固、分割成块、揭取修复、复原安装。揭取前先做好画面除尘，分块画线、编号、绘图和用胶矾水等进行临时加固等准备工作，同时制作揭取台、揭取板。揭取时，在预制的揭取板上铺棉絮一层，棉上覆纸，将揭取板对准并紧贴要揭取的画块，并以腰带、三角铁、戗杆加以稳定，而后按照先上后下、先两侧后中间的原则将壁画所依附的墙体砖逐块拆下，墙体拆完后，即可将揭取板连同壁画一同放下。拆下后将其背面放在一个类似直棂窗的预制支架上，以便复原时安装。而后再对壁画进行修复，修复的主要程序有画面清洗、画面加固、补泥、粘框（即支架）、修整画面等。

壁画的复原安装采取了以墙体为支架的安装方法，具体做法是将壁画直接放置于木腰线之上，壁画与墙体之间留出适当空间作为壁画背面通风孔道，墙体内加木砖安铁活将壁画固定。同时，为增加墙体强度，把原土坯墙改为了四丁砖白灰砂浆垒砌。安装时，将修复好的画块运至原位，依照墙面上铁活的高低尺寸，在画块背面的木框上，安装铁活并悬挂。安装好的壁画背面，木框外皮与墙面留有 7 厘米宽的空档作为通风孔道，每面墙顶安通风篦 2~3 个。壁画安装完毕，最后进行补缝、补色和做旧。安装后各块之间的接缝、底边及顶部用乳胶水、棉花、砂泥补抹平整，在已缺壁面的墙面抹泥时，为了与殿内有壁面的墙面色泽协调，表面一层抹砂泥，外墙抹麻刀红土白灰，外刷红浆。依照壁画揭取前照片补色及补画线道、色泽、笔法，与原画协调。原画残缺部分，仅刷旧色与四周壁画协调，内檐无画墙面，四周刷绿边缘，内画白线道。整个墙面刷旧色，尽量使殿内各墙面色泽协调。

参考资料：

1.《释氏源流》明·宝成编，中国书店，1993 年 10 月。

2.《隆兴寺志》清乾隆十三年编。

3.《祁英涛古建论文集》中国文物研究所编，华夏出版社，1992 年 11 月。

4.《正定隆兴寺摩尼殿壁画初探》刘友恒 郭玲娣 樊瑞平，文物春秋杂志社，2009 年 5 月。

图版

释氏源流——东檐墙北段之一

释氏源流——东檐墙北段之二

释氏源流——东檐墙北段之三

释氏源流——东檐墙北段之四

释氏源流——诸王挣力

释氏源流——九层铁鼓

释氏源流——太子晤农

释氏源流——隔城撩胜

释氏源流——隔城撩胜（局部）

释氏源流——宫廷纳妃

释氏源流——宫廷纳妃（局部）

释氏源流——宫廷纳妃（局部）

释氏源流——宫廷纳妃（局部）

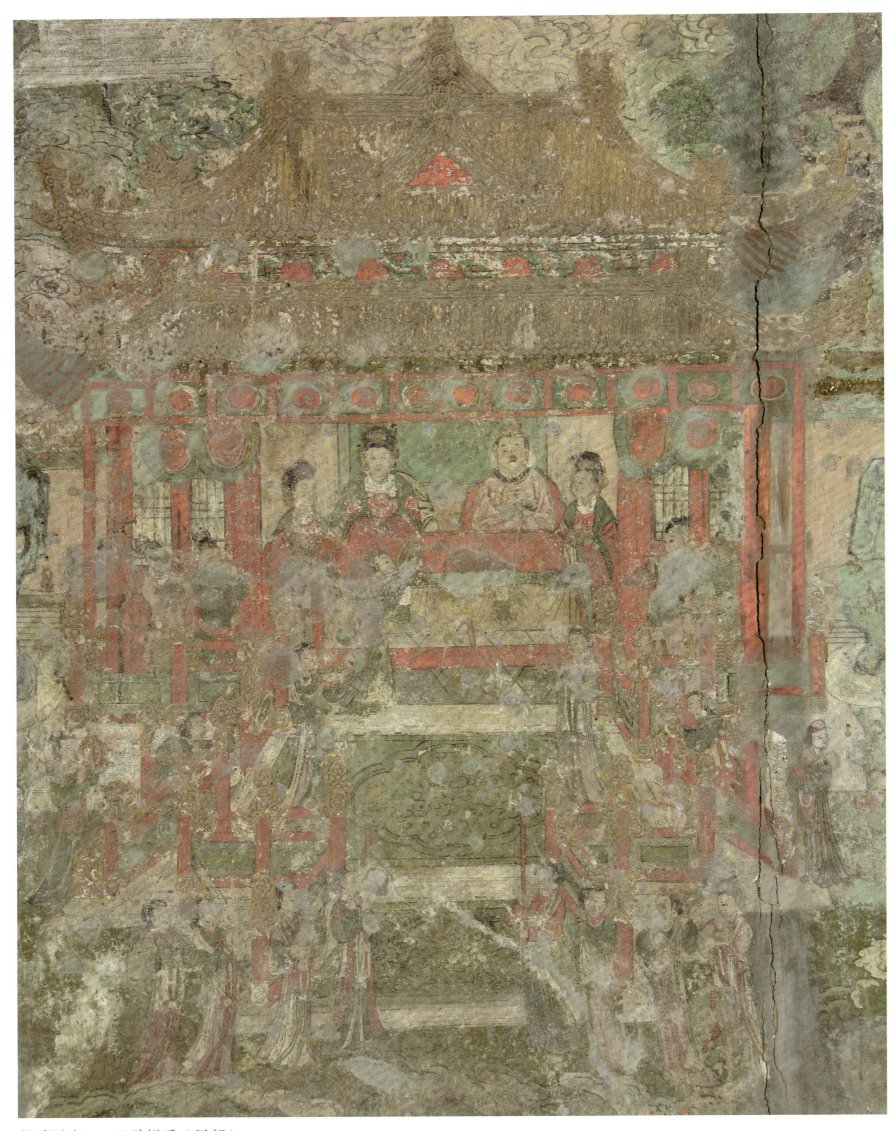

释氏源流——五欲娱乐（局部）

释氏源流——五欲娱乐（局部）

释氏源流——五欲娱乐（局部）

释氏源流——梵王得梦（局部）

释氏源流——梵王得梦（局部）

释氏源流——出游四门

释氏源流——出游四门（局部）

释氏源流——出游四门（局部）

释氏源流——道见病卧

释氏源流——道见病卧

释氏源流——得遇沙门

释氏源流——东檐墙南段之一

释氏源流——东檐墙南段之二

释氏源流——东檐墙南段之三

释氏源流——东檐墙南段之四

释氏源流——夜半出城

释氏源流——夜半出城（局部）

释氏源流——夜半出城（局部）

释氏源流——劝请回宫（局部）

释氏源流——母□金冠（局部）

释氏源流——母□金冠（局部）

释氏源流——送回金冠（局部）

释氏源流——金刀落发

金刀為髮

49

释氏源流——禀（车）匿还宫

释氏源流——远饷资粮（局部）

释氏源流——远饷资粮（局部）

释氏源流——远饷资粮（局部）

释氏源流——六年苦行（局部）

释氏源流——六年苦行（局部）

释氏源流——南檐墙东段之一

释氏源流——南檐墙东段之二

释氏源流——南檐墙东段之三

释氏源流——南檐墙东段之四

释氏源流——禅河沐浴

释氏源流——天人献花

天人献花

释氏源流——请菩提场

释氏源流——魔众移瓶

释氏源流——成等正觉（局部）

释氏源流——龙王赞叹

释氏源流——诸天赞贺

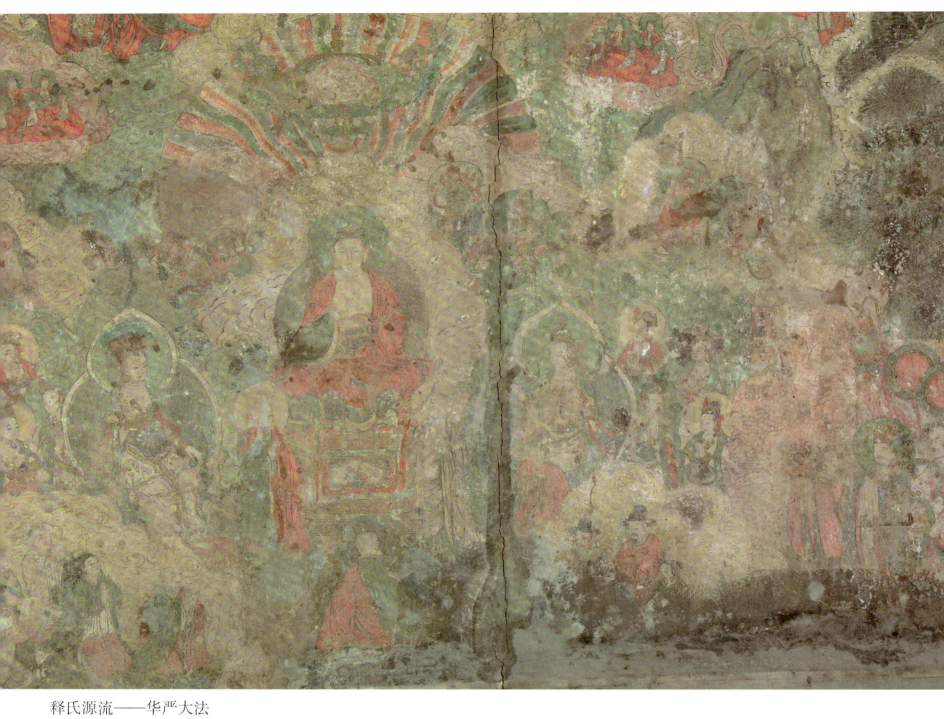

释氏源流——华严大法

释氏源流——华严大法（局部）

释氏源流——龙宫入定

释氏源流——四王献钵

释氏源流——林间宴坐

释氏源流——叶（弃）除祭器

释氏源流——叶（弃）除祭器（局部）

释氏源流——他人求度

释氏源流——降伏火龙

释氏源流——西檐墙南段之一

释氏源流——西檐墙南段之二

释氏源流——西檐墙南段之三

释氏源流——佛旨（指）移石

释氏源流——降服毒龙

释氏源流——宫主礼佛

释氏源流——西檐墙北段之一

释氏源流——西檐墙北段之二

释氏源流——西檐墙北段之三

释氏源流——西檐墙北段之四

释氏源流——西檐墙北段之五

依教龍王

依救龍王

释氏源流——西檐墙北段之六

释氏源流——西檐墙北段之七

释氏源流——临终遗教（局部）

释氏源流——北檐墙西段之一

释氏源流——北檐墙西段之二

释氏源流——北檐墙西段之三

释氏源流——北檐墙西段之四

释氏源流——北檐墙西段之五

释氏源流——北檐墙西段之六

释氏源流——北檐墙西段之七

菩提樹下

释氏源流——北檐墙西段之八

释氏源流——北檐墙西段之九

释氏源流——佛从棺起（局部）

兜率陀天

东抱厦北壁尊天像

东抱厦北壁——日宫尊天

大力尊天

东抱厦北壁——大力尊天

东抱厦北壁——兜率陀天

金剛尊天

东抱厦南壁尊天像

金
刚
尊
天

东抱厦南壁——金刚尊天

东抱厦南壁——鬼子母天

东抱厦南壁——鬼子母天（局部）

东抱厦南壁——鬼子母天（局部）

东抱厦南壁——大悲尊天（局部）

东抱厦南壁——大悲尊天（局部）

西抱厦南壁尊天像

西抱厦南壁——辩才尊天

西抱厦南壁——功德尊天

西抱厦北壁尊天像

北抱厦西壁尊天像

东扇甬墙外壁——西方胜景

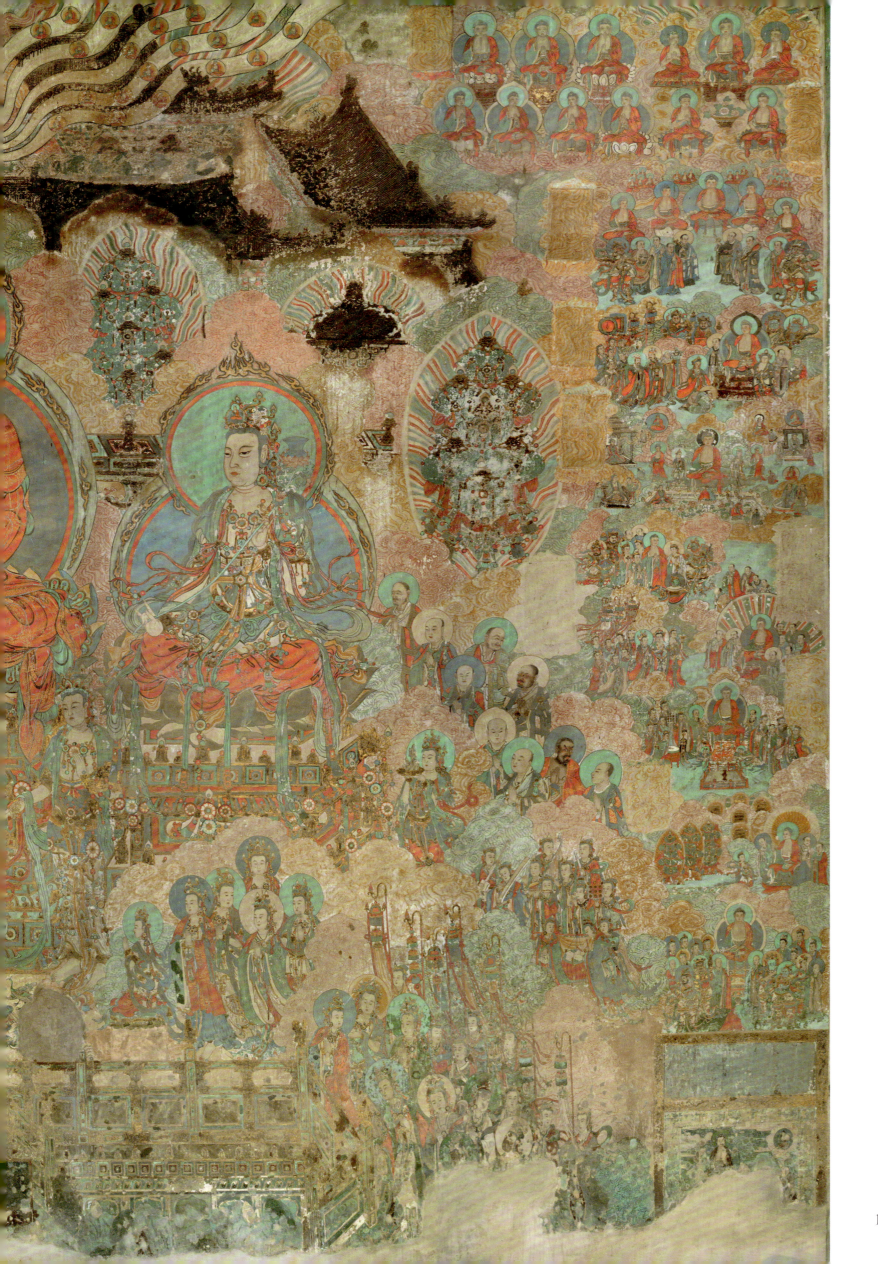

西方胜景——世俗诸苦

西方胜景——世俗诸苦（局部）

西方胜景——世俗诸苦（局部）

西方胜景——世俗诸苦（局部）

西方胜景——讲经说法

西方胜景——诸佛说法

西方胜景——众菩萨像

西方胜景——跪拜弟子

西方胜景——跪拜弟子

西方胜景——共命鸟、迦陵频伽

西方胜景——迦陵频伽

西方胜景——渡船讲法

西方胜景——听受经法

西方胜景——十二乐伎

西方胜景——众弟子像

西方胜景——众弟子像（局部）

西方胜景——菩萨像

西方胜景——胁侍菩萨

西方胜景——胁侍菩萨

西方胜景——众菩萨像

西方胜景——众菩萨像（局部）

西方胜景——众菩萨像

西方胜景——众罗汉像

西方胜景——菩萨像

西方胜景——十二乐伎

西方胜景——乐伎（局部）

西方胜景——乐伎（局部）

西方胜景——听受经法

西方胜景——诸菩萨众

西方胜景——演说佛法

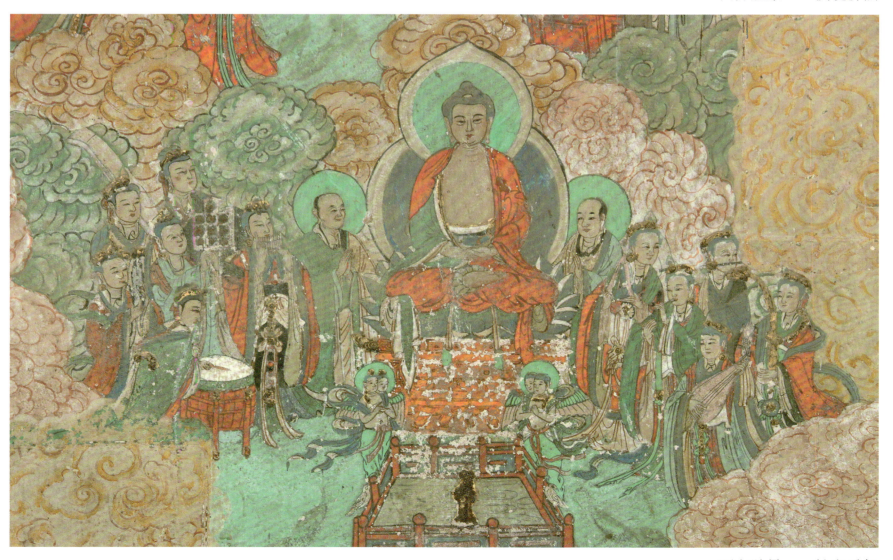

西方胜景——妙音乐舞

西方胜景——听受经法

西方胜景——听受经法

西方胜景——听受经法（局部）

西方胜景——诸佛菩萨

西方胜景——演说佛法

西方胜景——阿弥陀佛

西方胜景——大势至菩萨

西方胜景——观世音菩萨

西方胜景——菩萨、天王等众

西方胜景——莲花化生

西方胜景——佛、天王、弟子等众

西方胜景——天王、弟子众（局部）

西方胜景——弟子众（局部）

西方胜景——弟子众（局部）

西方胜景——天王、弟子众（局部）

西方胜景——佛、菩萨等众

西方胜景——十方诸佛

西方胜景——演说佛法

西扇面墙外壁——东方净琉璃世界

东方净琉璃世界——众菩萨（局部）

东方净琉璃世界——众罗汉（局部）

东方净琉璃世界——十二神将（局部）

东方净琉璃世界——十二神将（局部）

东方净琉璃世界——十二神将（局部）

东方净琉璃世界——十二神将（局部）

东方净琉璃世界——药师琉璃光佛

东方净琉璃世界——月光遍照菩萨

东方净琉璃世界——日光遍照菩萨

东方净琉璃世界——药师琉璃光佛右侧弟子

东方净琉璃世界——药师琉璃光佛左侧弟子

东方净琉璃世界——十二神将（局部）

东方净琉璃世界——十二神将（局部）

东方净琉璃世界——十二神将（局部）

东方净琉璃世界——众菩萨（局部）

东方净琉璃世界——众菩萨（局部）

东扇面墙内壁——文殊菩萨与十二圆觉菩萨像

东扇面墙内壁——十二圆觉菩萨像（局部）

东扇面墙内壁——十二圆觉菩萨像（局部）

东扇面墙内壁——十二圆觉菩萨像（局部）

东扇面墙内壁——十二圆觉菩萨像（局部）

东扇面墙内壁——十二圆觉菩萨像（局部）

东扇面墙内壁——十二圆觉菩萨像（局部）

东扇面墙内壁——十二圆觉菩萨像（局部）

东扇面墙内壁——十二圆觉菩萨像（局部）

东扇面墙内壁——十二圆觉菩萨像（局部）

东扇面墙内壁——十二圆觉菩萨像（局部）

东扇面墙内壁——十二圆觉菩萨像（局部）

东扇面墙内壁——十二圆觉菩萨像（局部）

东扇面墙内壁——十二圆觉菩萨像下部行龙

西扇面墙内壁——八大菩萨像

观世音菩萨

西扇面墙内壁——八大菩萨像（局部）

西扇面墙内壁——八大菩萨像（局部）

西扇面墙内壁——八大菩萨像（局部）

西扇面墙内壁——八大菩萨像（局部）

西扇面墙内壁——八大菩萨像（局部）

西扇面墙内壁——八大菩萨像下部行龙

后 记

正定,历史名藩,文化重镇,自北魏至清末,这里曾长期做为郡、州、路、府的治所,是我国北方地区一处重要的政治、经济和文化中心,是镶嵌在历史长河中的一颗璀璨明珠。现有全国重点文物保护单位 8 处,省级文物保护单位 6 处,县级文物保护单位 24 处,地上建筑分布密集,风格迥异,地下文物出土丰富,价值颇高,其文物拥有量在全国县级城市中位居前列。

隆兴寺是正定 8 处全国重点文物保护单位的优秀代表,其悠久的历史和庞大的规模,是我国现存古建筑中罕见的以宋代建筑为主的古建筑群,极具历史、艺术和科学价值。同时寺内还保存了历代雕塑、壁画、碑碣等,是一座汇集了众多艺臻极品的文化宝库。

关于隆兴寺的科学调查和研究工作,起始于 20 世纪 30 年代。1933 年,梁思成先生在兵荒马乱的社会背景下,调查研究了以隆兴寺为代表的正定古建筑,并撰写了《正定调查纪略》;1935 年,刘敦桢先生到正定调查了解古建筑,特别对隆兴寺摩尼殿、转轮藏阁、慈氏阁的建筑结构和时代进行了详细研究,调查笔记收录于《刘敦桢文集》一书;1950 年文化部组织的雁北文物考察团对正定文物进行了实地考察;1952 年,文化部又派员对隆兴寺进行了实地考察,随后便开展了对转轮藏阁和慈氏阁的修缮工作。1953 年正定县文物保管所成立后,保护和研究工作并重,多年来文物工作者致力于文物的研究和宣传工作,在国家级多类刊物发表颇有研究价值的文章百余篇,推动了正定文物学术研究的发展,但是大型综合类出版物尚显不足。

2012 年 5 月 16 日,河北省省长张庆伟同志视察正定隆兴寺,对摩尼殿壁画艺术给予了高度评价,希望正定文物部门能够整理出版专门的壁画画册,用于宣传交流,提高这一艺术瑰宝知名度。在省文物局局长张立方同志亲自部署、督促下,正定县文物保管所立即着手了《正定隆兴寺壁画》画册的编纂工作。

经过几个月的策划准备,《正定隆兴寺壁画》终于付梓出版了。该书精选了壁画照片 190 余幅,并配以文字说明,能让读者充分领略隆兴寺壁画的风采和神韵,具有一定的观赏性和学术性。然而本书也只是对隆兴寺摩尼殿壁画做了初步的阐述和研究,愿做引玉之砖,如能引起社会各界广泛重视,进一步加强对其关注、保护和研究工作,则此成书不枉矣。

本书的出版,得益于省、市、县各级领导的帮助与支持,这充分体现了党和政府对文化事业的重视与关注,也必将激励文物工作者以更加科学严谨和积极向上的态度开展本职工作。在本书编著过程中,河北省古代建筑保护研究所刘清波提供了有关图纸、正定县文物保管所完成了文字资料的编撰和整理工作、文物出版社承担了此书的整体策划、壁画拍摄和图文审定工作。在此,特致以诚挚的谢意。

囿于编写组成员学术水平有限,虽屡翻志书典籍并求教于方家,务求精确,但难免会有疏漏不周之处,祈请专家和读者指正。

编 者

2013 年 4 月